夢をつかむ

イチロー262のメッセージ

Ichiro's message since2001

この本の使い方

イチロー選手の試行錯誤をまるごとぎっしりつめて「イチロー選手の具体的な行動と考えをいつでも思いだすことができて、なにをなしとげようとする人にも参考になる」とでもいうような、勇気のわいてくる本が、できあがりました。

メジャーリーグ挑戦以後の発言を「イチローの精神と目標」「イチローの準備と訓練」「イチローの不安と逆風」「イチローの形と野球観」「イチローの技術と結果」の五部構成でまとめたこの本は、ぱらぱらと拾い読みするだけでも発見が多い本なのですが、はじめから順を追って読んでいくと「目標を立てて、準備と訓練を積み、本番の実行に移し、逆風があっても結果を出す」という独特の筋道が静かに見えてくるようになっています。

まとめて読んでいると、イチロー選手が、どれだけ「特別な力を得るよりも、持っている能力を出しきること」を重視しているかが伝わってくるのです。いかに悪戦苦闘をかさね、ムダなことも経験しているのかも、よくわかります。それがこの本を手にとった誰かの「夢をつかむこと」にもつながるのならば、まとめたものとしてそれ以上のよろこびはありません。

「こういうやりかたで訓練を重ねてきたんだなぁ」と目からウロコが落ちるような言葉の数々を、どうぞゆっくりおたのしみください。カバンの中に放りこんでおいて、元気になりたいときになにかととりだしてめくってみることも、おすすめしたいと思います。

本書「夢をつかむ　イチロー262のメッセージ」は、2001年から2004年における、イチロー選手の各メディアでの発言を参考資料として編集・構成したものです。

参考資料一覧

【テレビ】

BSデジタル放送特別番組「イチロー×北野武　キャッチボール」（BS―i・BSフジ）／BSデジタル放送特別番組「キャッチボールICHIRO meets you」（BS日テレ・BS朝日・BS―i・BSジャパン・BSフジ）／NHKBS「日本人メジャーリーガーの群像～イチロー262本新記録への四年間」／テレビ朝日「独占　歴史を変えた男、イチロー」

【新聞】

神戸新聞／サンケイスポーツ／スポーツニッポン／日刊スポーツ／読売新聞

Design：出田一・野口里子（TwoThree）
Cover photo：Ezra Shaw/Getty Images/AFLO FOTO AGENCY

第1章

イチローの精神と目標

「ぼくは期待があろうとなかろうと進むタイプ」「チームの流れとは別のところで自分をコントロールしてきました」「夢をつかむことというのは一気にはできません。ちいさなことをつみかさねることで、いつか信じられないような力を出せるようになっていく」と、自分を信じて一歩ずつ進みつづけている一方で、「あこがれを持ちすぎて、自分の可能性をつぶしてしまう人はたくさんいます」「たのしんでやれ、とよくいわれますが、ぼくにはその意味がわかりません」というように、ただやみくもに遠い夢を見ることはしないといっているイチロー選手の「目標」と「精神」の定めかたについての言葉を、ここでは集めています。あなたにとっての将来の目標にひきつけて、読んで参考にしてみてくださいね。

1

夢をつかむことというのは、一気にはできません。
ちいさなことをつみかさねることで、
いつの日か、信じられないような力を出せるようになっていきます。

2004年12月24日、日本の野球少年に向けての言葉です。「ぼくもみんなと同じような年のときには、汗水たらして泥にまみれて、みんなと同じように野球をしていたということをおぼえておいてもらいたいです。みんなも、明日から毎日、野球も勉強もがんばってください」

2

たのしんでやれ、とよくいわれますが、
ぼくには、その意味がわかりません。

２００４年10月、２５８本安打の記録達成後の言葉です。「たのしむというのは、決して笑顔で野球をやることではなくて、充実感を持ってやることだと解釈してやってきました。ここに辿りつくまでのことを、いわゆる、『たのしんでやる』というような表現は、とてもできません」

3

チームの負けがこんでいるときこそ、しっかりしなければいけません。
それでモチベーションをさげる人は、
いいわけを求めて逃げているのだと思います。

2004年8月、チームの苦境のなかで1試合5安打を打ったときの言葉です。

4

現役中に、過去のことを懐かしんではいけません。

2004年、プロ通算2000本安打を達成したときの言葉です。「プロ入りしたとき、2000本打てるようになれよとスカウトの方に声をかけてもらったことを思いだしますが、今日のことは、日づけが変わるまでには終わりたいと思います。次の目標は、次のヒットです」

5

ぼくは、期待があろうとなかろうと進むタイプです。

２００４年10月、安打記録達成後に「ぼくは、やりたいと思ったことはやりとげたいほうですし、まわりの人がいようがいまいが、そのことは変わりません」といったときの言葉です。

6

あこがれを持ちすぎて、自分の可能性をつぶしてしまう人はたくさんいます。自分の持っている能力を活かすことができれば、可能性が広がると思います。

２００４年10月、安打記録達成後に「大きさに対するあこがれや強さに対するあこがれを強く持ちすぎなくてもいい。体が大きいことにはそんなに意味はないと、アメリカに来てから強く思うのです」といったときの発言です。

7

そのことはまだ、目標というよりは夢ですが、
これがだんだん近づいてくると、目標に変わってきます。

2004年8月、200本安打を達成した直後、257本の大リーグ記録についてきかれたときには「現時点ではまったく考えられないことです。その目標は、まだ遠すぎます」とこたえていました。

8

チームに乗せてもらうことはありますが、
そういうときは少ないのです。
チームの流れとは別のところで、自分をコントロールしてきたつもりです。

2004年7月、チームの低迷と個人の打撃の関係についてきかれたときの言葉です。「勝てなければ意味がないということは絶対にありません。自分の成績がよければそれでいいというわけでもありません。どちらも別のものとしてとらえています」

9

いろいろ考えてしまうのが人間ですが、
でも、それも含めての「力」ですから。

2004年6月、得点圏の重圧についての言葉。同じ時期に「気持ちの面で、前の打席が関係ないということは、どの打席でもありえません」ともいっています。

10

第三者の評価を意識した生き方はしたくありません。
自分が納得した生き方をしたいです。

2004年1月、おおぜいのファンを前に語った言葉です。

11

チームの調子が悪くても自分が崩れることは考えません。
集中してやっているので、余計なことは、考えません。

2004年5月、チームの苦境をきかれたときの言葉です。

12

チームメイトが、熱い思いを表現してくれたということは、ふだん感じられない、言葉にはできない意味がありました。

2004年10月、258本安打記録達成後の言葉です。「ふだんは言葉の壁もあってなかなかコミュニケーションが取れないのですが、わざわざ選手や監督やコーチが出てきてくれるなんて、まったく考えていませんでした。チームメイトがあんなふうに表現してくれたことというのは、すごく大きな意味がありました」

13

ぼく本人より、麻痺しているのは「まわり」です。
でも、そういうものにふりまわされてはいけない。
それはもう、とっくの昔にわかっていることです。

2004年、安打数新記録の目前に敬遠がつづき、「なんでもかんでも日本にいた頃に似てきました」「この状態でプレイできる人間は限られています。最高にしあわせなことです」といっていたときの言葉です。

14

毎年、気持ちは変わりますし、体も微妙に変わります。
いいフォームが何年経ってもいいとは思いません。
その時々の自分に合うフォームがかならずあるはずです。

2004年シーズン終了後の言葉です。「求めるのはフォームではなく技術です。技術をどれだけ磨くことができるか、どれだけ技術を完成できるかどうかが大事なのではないでしょうか」

15

自分が見えていない経験からは、
客観的に自分を見なければいけないという結論に達したのです。
地に足がついているかどうか、ちゃんと見ていなければいけません。

２００４年１月、ファンを前に語った言葉です。２００３年の４月にも
「どんなときも自分たちを客観的に見て、やるべきことをやるだけです。
それはどんなときも変わらないものです」といっています。

16

まずは、弓子（妻）と一弓（愛犬）に感謝をあらわしてあげたいと思います。
いちばん近くでいろいろなことを感じて、いいことも悪いことも、
つらいこともたのしいことも、一緒にわかちあってきていますので。

2004年10月、258本安打記録達成後の家族への言葉です。「今はおそらく帰って、晩ごはんの準備をしてくれていると思いますが、今晩は弓子と一弓と一緒にいい時間を過ごせればいいと思います。一弓も、かなしんだりよろこんだりしてくれているみたいですから」

17

まずは一弓と散歩したいです。
ようやく、散歩にも連れていってあげられるので、
それがいちばんしたいです。

2004年のシーズンオフを迎え、なにをしたいかときかれたときの言葉です。「一弓は明日からぼくが休みになるとわかっているようで、今朝からソワソワしていますよ」「今年は胃が痛くなる程度で、髪が抜けるようなこともありませんでした。一弓の毛はやたらと抜けてましたが」というコメントも残しています。

18

打率は、コントロールできてしまいます。
4割を求めて打席に立ちたくなくなるのは本意ではないので、
ぼくは、なかなか、打率に目標を置くことはできないのです。

2004年のシーズン終了後、打率4割の可能性についての言葉です。

19

プレッシャーのかかる感じはたまりません。
ぼくにとっては最高ですよね。
ものすごく苦しいですけど。

2004年10月、安打大リーグ記録達成後の、重圧についての言葉です。
「ドキドキする感じや、わくわくする感じが、勝負の世界にいる者の醍醐味ですし、それがない選手では、まったくつまらないですから」

20

人とつきあうと言っても、ほとんどの人は他人ですよね。
ゆとりを持って接することができたら、
世界がぜんぜん変わってくると思うんですよ。

2004年1月、ファンを前に語った言葉です。「他人とつきあうときに、何かひとつ気にくわないことがあっても、それがきっかけで疎遠になってしまうケースが、けっこうあります。でも、それは他人なんだから、そういうことだってあるよと思えたら、いろんな人とつきあえるのではないか、と最近は思っているんです」

21

自分の思ったことをやりつづけることには後悔がありません。もしそれで失敗したとしても後悔は絶対にないはずですから。

2002年11月、野球少年に向けて「ぼくからのみんなへのお願いです」といった言葉です。「みんなもぜひ、重要なポイントが来たときに、自分の意志でなにかを決められるようなおとなになってほしいと思います」

22

長く続く強い発見は、
凡打をして、その凡打の理由がわかったときなのです。

2004年1月、ファンを前に語った言葉です。2004年のシーズン終了後には「いい結果を出すにしても、やられるにしても、かならず理由があります」といっています。

23

ぼくらのいる世界というのは、
どういう自分であるかということを見てもらって、
応援するかどうかは、見る側が決めることなのです。

２００３年のシーズン終了後の言葉です。２００４年４月、報道が気になるかときかれたときには「そういうのはとうの昔に卒業しました。ぼくはもうそういう段階ではありません。結果に対する人の評価ですから」とこたえています。

24

自分自身が何をしたいのかを、忘れてはいけません。

2004年10月、安打記録達成とチームの低迷の関係をきかれたときの言葉です。「チームが勝てない状況が続いて、自分の中からモチベーションを作らなければなりませんでした。それはこれまでもやってきたことなので、人が心配するほど大きな力はいらなかったのです。これだけ負けたチームにいながら、最終的にこんなにすばらしい環境の中で野球をやるということは、勝つことだけが目的の選手には不可能だったと思います」

25

このなかで、将来、なにかになりたいという人はいますか。
今日、ぼくがいいたいのは、
目標を持ってもらいたいということです。

2003年4月、アメリカの小学校をおとずれたときの言葉。「目標を持って進んでいくとかならず障害が出てきます。ぼくもみんなからバカにされたこともありました。プロ野球に入るときもアメリカに来るときも『おまえにはできない。やめたほうがいい』といわれましたが、もし、そんな声に出会っても、そんな声をきく必要はありません」

26

進化するときというのは、形はあんまり変わりません。
だけど、見えないところが変わっています。
それがほんとうの進化じゃないですか。

2004年のバッティングの変化を、イチロー選手は「足をひいて、背筋をしっかりと意識することによって、バットが寝たんです。寝かせたのではなくて」といいました。「自分のミスによって凡打になってしまった打席はヒットにできる可能性が高いと感じていたのに、ヒットにするよう心がけても、なかなか結果は変わらなかったのです。ミスを減らすことのできる形があるはずでした。足をひいたスタンスをとることが、結果的には探りつづけたものにつながったのです」

27

なにかをしようとしたとき、失敗を恐れないで、やってください。
失敗して負けてしまったら、その理由を考えて反省してください。
かならず、将来の役に立つと思います。

2003年4月、アメリカの小学校をおとずれたときの言葉です。

28

自分のプレイに驚きはありません。
プレイそのものは自分の力の範囲内です。
第三者からこれだけの評価を受けたことに驚いています。

2001年11月、MVP受賞後の言葉です。「自分の数字だけを見れば驚くことがありますが、力以上のものが出たという認識はありません」

29

もはや、ありきたりの選手でいることは、できません。

2004年11月、いくつもの記録を達成し、過去の偉大な選手の仲間入りをしたといわれたときの言葉です。「ファンやチームメイトのみならず、相手チームをもたのしませるプレイヤーでないといけないと思っています」

30

自分のやっていることは、
理由があることでなくてはいけないと思っているし、
自分の行動の意味を、必ず説明できる自信もあります。

2004年1月、ファンを前に語った言葉です。「説明できること」について、イチロー選手は「自分で打ったヒットを、なぜヒットになったかって説明ができるようになったのは、ぼくの場合は1999年以降の話なのです」とも述べています。

31

4割は夢ではありません。可能性はあると思います。

2002年、4割打者についてきかれたときの言葉。「夢とはどうしようもなく遠いものでないと夢となりえません。いまは、自分の持っている力を出せるようになっていますから」

32

いつだって、チャンスのときには力が入るものです。

2002年4月、満塁走者一掃タイムリーを打ったときの言葉。「チャンスは全力で取れるときに取らないといけません」2004年、大リーグ安打記録前にも「ここまで来たらやりたいです。2番より1番のほうがいいのは当たり前です」と獲得したい気持ちを前面に出していました。

33

初心を忘れないことっていうのは大事ですが、
初心でプレイをしていてはいけないのです。
成長した自分がそこにいて、その気持ちでプレイしなくてはいけません。

2003年のシーズン終了後の言葉です。

34

ヒット262本という数字を目標にするということは、とてもできません。過去にももちろんできなかったし、これからもそうです。

2004年シーズン終了後の、目標についての言葉です。「数字だけではなくて、野球がうまくなりたいんです。そういう実感が持てたらうれしいですね。これは数字には表しづらいことですし、ぼくだけが得る感覚ですから。そうやって前に進む気持ちがあれば、たのしみはいくらでもありますから」ともいっています。

35

勝負の場で力の差を見せつけるのがいちばんです。
野球に限らず何でも実力の差を見せてしまえばいいと思います。

勝負の世界で、他の選手に足を引っ張られる危険を防ぐ方法について、こう語ってます。

36

考える労力を惜しむと、前に進むことを止めてしまうことになります。

2004年シーズン終了後の、前進についての言葉です。「ぼくは、次に起こることは何か、いま何をすればいいのか、いつも考えます。ムダということか、生かされないことの方が多いんですけどね。これからもムダなことをたくさん考えて、そこからあたらしい何かが見えてきたらうれしいです」

37

完璧にはなれないとはわかってはいますが、
それに向かっていこうと思うのが野球選手だと思います。

２００４年のシーズンが終了したときの言葉です。次の目標をきかれたときには「技術があがったら、うれしいと思います。より、自分が思う完璧に近づきたいです。時間がかかると思いますけれど、何かあたらしいものが発見できたら、うれしいです」と、すこしずつでも完璧を目指す姿勢をあらわしました。

38

選手である以上、プレッシャーは感じていたいと思います。
プラスにするもマイナスにするも自分次第です。
プレッシャーのない選手でいたいとは思いません。

2002年9月、シーズン終了直後の報道陣へのインタビューで、ヒットへの重圧についてこう語った。

39

一面に載って、気分がよくなってしまうと、
人から評価される、チヤホヤされることが、
気持ちよくなってきてしまうのです。

2004年1月、ファンを前に語った言葉です。「1996年に日本一になるあたりまでは、もう、フワフワフワフワしていて、とても、地に足が着いた状態ではなかったと思いますね」

40

ヒットを打つことは、打てば打つほど、むずかしくなるのです。
ヒット一本って、飛びあがるぐらいにうれしいんです。
2003年のときの2000本安打のときなんて、涙が出ましたから。

2003年のシーズン終了後の言葉です。「ただ、日本で、最後に野球をやっていたときっていうのは、ヒット一本が、うれしくなかったのです」ともいっています。

41

決して、人が求める理想を求めません。
人が笑ってほしいときに笑いません。
自分が笑いたいから笑います。

2003年のシーズン終了後の言葉です。「自分の生きかたっていうのをしっかりと持って、まわりに流されずに、強い自分でいたいと思います」

42

ひとりの人間のできることは、かぎられています。

2004年のシーズンを終えたあとの言葉です。「世の中の流れに乗って、なにかを変えるきっかけを作ることはできたとしても、ひとりの力で世の中を変えることは無理です。ぼくもかつては自分の力を過大評価していました」

43

ぼくがいままで苦しかったことのうちのひとつには、
幅の広いファンの人たちとの接しかたもありました。
でも、ファンの人たちの期待をあれこれ推測することは、
ぼくはもう、やめようと思います。

２００４年１月、ファンを前に語った言葉。「これからぼくがしたいことは、自分の理想を求めることなのです」

44

誰かを勇気づけようとしたのでもなく、自分を満足させようとした結果、世の中の人に、なにかを感じてもらえて、たのしんでもらえたわけです。

2003年と2004年のシーズンを比較したときの言葉です。「2004年は自分勝手にやらしてもらおうと思ったのです。自分が満足したり、おもしろくなかったりしたら、見ている人もおもしろいと思わないのではないかと。かつて、観客を増やそうと思ってプレイしても増やすことはできなかったのに、2004年は人をよろこばせようと考えていないのに観客を増やすことができました。おもしろいものですよね。人のために何かをしようとしたときは、だいたいうまくいかないものです」

45

漠然となんですけど、ぼくが考えている目標というのは、
50歳まで現役バリバリでプレイするということなのです。

2002年のシーズン終了後にいった言葉です。「メジャーリーグの先輩たちがなしえなかったようなことを、後輩たちがやっていかないといけないと思っていますから。それに挑んでいかないと自分には進歩ということにはならないと思うのです」

46

人と違うことをやるというのが、ぼくの基本ですから。

2004年1月、ファンを前に語った言葉です。

47

いい評価のほうにも惑わされたくありません。
いつまでも初心では、それは成長してないともいえますから。

2004年1月、ファンを前に語った言葉です。

48

自分の体でたいへんな苦労をした方には、かないません。

2004年1月、ファンを前に語った言葉です。「昔の方で、たとえば戦争に行かれて身をもって苦労された方には絶対に勝てないと思う」

第2章

イチローの準備と訓練

イチロー選手の驚異的な記録の裏には、徹底した毎日の準備がひそんでいます。その様子を垣間見られる言葉を集めたのがこの章です。「ムダなことを考えて、ムダなことをしないと、伸びません」「家に帰って、ふつうに過ごしているだけで、気分転換になります」「他人が絡んでいることには興味はありません。いまの自分の力をどれだけ出せるかですから」準備の上では、肉体的な訓練と同時に、いかに実力を出しきるためのメンタル面のコントロールが必要なのかが、よく伝わってくるようなコメント集になっています。

49

ミスショットの原因は気持ちの中にあると思っていたのです。
だけど違っていました。技術によるものでした。

２００４年シーズン終了後の言葉です。「7割はヒットにできる感覚があるのになぜミスが出てしまうのか？」何年も試行錯誤した中、２００４年に、改善するべきは「気持ち」ではなく「技術」だと確信したのだそうです。

50

自分が作りあげてきたものを崩すわけにはいきません。
自分の技術を支えている気持ちがきれると不安が出ますから、
それだけはしてはいけません。

2003年9月、プレイオフ出場が消えてホッとしたかとの問いにこたえた言葉です。「自分がなにかをしようとするときのプレッシャーは、プレイオフ出場の可能性が消えたからといっても、自分がグラウンドに立っている以上、変わりません」

51

ムダなことを考えて、ムダなことをしないと、伸びません。

2004年10月、シーズン前にさまざまなことを試すことについて「キャンプでいろいろと試すことは、ムダではありません」といったときの言葉です。

52

常に、先のことを予測する習慣をつけることは、大事だと思います。

２００２年のシーズン終了後にいった言葉です。「その習慣が、一瞬の大事なときに生きます。ムダになることもたくさんありますし、自分が絡んでいないプレイでたくさんの予測をしているとすごく疲れるのですが、自分が疲れるからといって投げ出してしまっていてはプレイヤーとしての能力も止めてしまいます」

53

特別なことをするためには、ふだんの自分でいられることが大事です。

2002年のシーズン終了後に「たくさんの予測をすることを常にやって、それを『ふだんどおり』というふうにしていかなければ、特別なプレイというのはできません。特別なことをするために特別なことをするのではないのです」といっていたときの言葉です。

54

いままで自分がやってきたことを、しっかり継続することが、
イチローという選手の能力を引き出すためには、はずせないことです。

2002年のシーズン終了後に「変えることは何もありません」といったときの言葉です。

55

自分はやっぱり、
自分の欲望を抑えることが多いですから。

2004年1月、ファンを前に語った言葉です。

56

これから磨くことは、メンタル面でしょうね。
今日の記者会見も、イライラしていましたし、
しょうもない質問は、カットしていましたし……。

2004年10月、新記録達成後に「これから磨くこと」をきかれたときの言葉。「しょうもない質問を受けいれたくない気持ちもあるんですけど、それも受けいれられるようになったら、もうちょっとラクかなと思います」

57

家に帰って、ふつうに過ごしているだけで、気分転換になります。

2003年、気分転換をたずねられたときの言葉です。「今は弓子（妻）もいるし一弓（愛犬）もいるからずいぶん明るくなりました。一弓を見るだけで気が紛れるし、家の中で笑えるというのはすごいことです。家族の存在は大きいです」

58

自信がなくてグラウンドに立つことはまずないでしょう。よほど体調が悪いとか、精神的に問題がある時以外には。

２００４年６月、重圧についてたずねられたときの言葉。７月には「まっさらな試合に先頭でのぞむバッターが、あきらめて打席に立つなんてことはありえません」ともいっています。

59

ヒット一本の重みは、状況にもよります。
まわりの期待や、異様な雰囲気に影響されることもあります。
常に安定した状態でいるということは、まだまだできないですね。

２００４年10月、ヒットの重みをきかれ「打てるぞって思うときもあるし、やたらむずかしいと感じるときもあるし、メンタル的なものが大きいです」といったときの言葉です。

60

自分の器が広がっているとは感じていません。
自分の能力をどれくらい発揮できるかが変わったと思います。

２００４年10月、安打新記録を達成したシーズンをふりかえっての言葉です。

61

ヒットを1本増やしたいとポジティブに考えるのです。そう思っていれば打席に立つのがたのしみになりますよね。

打率をあげたいと思いますかという問いに、イチロー選手はいつもこうこたえています。「この1厘を守りたいって思いはじめると、打席に行きたくなくなりますよね。怖くなりますよ。当然、失敗する確率の方が高いわけですからね。そうは考えたくありません。その辺の思考の違いっていうのは随分、グラウンドに立つ上の気持ちとしては違ってくると思いますよ」

62

過去のつみかさねがどれだけ大事なものかは、感じています。
それがなければ、今の技術や精神は作られなかったのですから。

２００４年８月、２００本安打を達成して「去年の苦しい経験が活かされたか」ときかれたときに「どの経験も欠かすことのできない要素」といったときの言葉。

63

いま、自分がうまくなっているとは、まったく思いません。
ただ、ここまで自分を高めることはできたと思っています。

２００４年５月、２０００本安打達成のときの会見で「もっとうまくなりたいけど、残念ながら」とイチロー選手はいいました。

64

何かを達成した後は気持ちが抜けてしまうことが多いので、打った塁上では、「次の打席が大事だ」と思っていました。

2004年、日米通算2000本を達成した直後の言葉です。

65

いかに、いい成績の記憶をふりはらうかということは大事でしょうね。
そういうものを背負うと、自分を苦しめることはわかっていますから。

2002年の春、メジャーリーグ2年目の抱負をきかれたときの言葉です。

66

ちいさいことをかさねることが、とんでもないところに行くただひとつの道。

２００４年10月、２５８本安打を達成した直後の会見で「激アツでしたね、今日は。言葉にはできません。少なくともこれまでの野球人生のなかでは最高の瞬間でした」といったときの言葉です。

67

彼が、感情をコントロールしてくれて、ほんとうによかったです。感情をコントロールしなければ。選手として未来があるのですから。

2004年9月、イチロー選手への死球に対し、相手にも報復しようといった投手のことを「チームメイトとしてそういってくれることはほんとにうれしいです」といったあとの言葉です。

68

試合後はロッカーや車の中で気持ちの整理をします。
いい結果も、悪い結果も、家には持ちかえりません。

2003年のシーズンオフに、気持ちの整理について語っていた言葉です。

69

ぼくは車が好きだし運転も好きだから、
「別に目的はないけど、気分転換に車を動かす」ということは、
特に日本では多かったです。

2003年のシーズンオフに、車について「車の中で笑ったり、時には泣いたりすることもありました。ここだけだから、自分だけの空間というのはね。車の中の空間っていうのは、いろんなものが詰まっているのです」と話していたときの言葉です。

ヒットを続けて打ったとしても、過去のものだとふりはらえれば、次の打席に集中していけますから。

2003年のシーズンオフに「過去のいい打席をひきずっていると、ダメでもいいかという気持ちが生まれてしまうわけです。なかなかいい結果が出ないときも、表情や態度に出てしまうことはあると思います。そこをぐっと我慢をして、変わらない自分を作るべきです」と語ったときの言葉です。

71

自分が変わろうとすることは、なにもありません。
いまある能力を、しっかり出せる状態を常に作っておくことが、
これからも、ずっと目標になると思います。

2002年のシーズンが終わり、「これから自分のなかであたらしいことにとりくむことは考えられないです」といったあとの言葉です。

72

自分たちを客観的に見てやるべきことをやります。
それは、どんなときにも変わらないものなのです。

2003年4月、チームが敗れたときの言葉です。

73

調子がよくてもいいとはいいませんし、悪くても悪いとはいいません。
それは、見ている人で判断してください。

2003年4月に、調子についてきかれたときの言葉です。

74

自分の力を出せるように準備はしました。
自分自身の力を出しきりましたが、届きませんでした。

2002年のシーズン終了後、打撃についての言葉です。「途中でバテたり、精神的に不安定になったり……あれ以上のものは出せなかったので、満足度は1年目と変わらないです」

75

勝ちパターンにはまらないと勝てないチームには限界があります。
いろいろな場面や展開に対応できればチームとしての幅が広がります。

2003年5月、チームの状態をきかれたときの言葉です。「チームとしての幅が広がっていくチームが、ほんとうに強いチームですね」

76

試合に出つづけるという意味で自己管理は必要ですが、
ぼくらは高い給料をもらっているわけだから、
体調管理は当たり前のことです。

2003年6月、体調管理についての言葉です。

77

勝ちを待っていてはなかなかきません。
つかみに行かないといけません。

2003年7月、サヨナラ負けを喫したときの言葉です。

78

死球の影響はありません。そういう筋肉をふだんから作っています。そういう状況は何回も経験していますし、他の選手とは意識が違います。

2003年7月、死球の影響をきかれたときの言葉です。

79

ハイレベルのスピードでプレイするために、
ぼくは絶えず体と心の準備はしています。
自分にとっていちばん大切なことは、試合前に完璧な準備をすることです。

2002年、準備についてたずねられたときの言葉です。「準備は、打席に入る前に汗だくのTシャツを着替えるとか、スパイクに泥が詰まっていないかチェックするとかいうことです。精神状態は、多くの準備のうちのひとつに過ぎません」

80

今日は、ムダがないというだけです。早く明日になってほしいと思います。こういう結果のときに余韻に浸ったりするとロクなことがありません。

2003年6月、4打数4安打2ホームランの試合のあとの言葉です。

81

余裕なんかありません。いつも一生懸命勝とうとしているのは同じです。

2001年5月、笑顔が時折見えるとの指摘に対する言葉です。

82

他人が絡んでいることには興味はありません。いまの自分の力をどれだけ出せるかですから。

2001年7月、首位打者をとることについての言葉です。「見ている人がたのしむのは勝手ですが、相手が絡むことに関してコントロールすることは不可能だと思います。自分ひとりで管理できないことを意識することはできません」

83

ぼくは、1試合、1試合、ふりかえっています。
まとめてふりかえることはしません。

2001年7月、「前半戦をふりかえって」ときかれたときの言葉です。

84

びっくりするような好プレイが、勝ちに結びつくことは少ないです。確実にこなさないといけないプレイを確実にこなせるチームは強いと思います。

2001年9月、好プレイの後の言葉です。「あれはむずかしいプレイではありません。ふだんからそういう準備をしているし、それはいつも変わりません」

85

1試合1試合ベストを尽くしましたし、
準備を怠ったことはなかったと思います。

2001年10月、メジャー1年目のシーズンを終えての言葉です。「このシーズンは自分の力がどれくらいか、見極めるシーズンでした」

86

ぼくは常に自分にプレッシャーをかけてきましたし、どんな状況でも動揺することはあまりないはずです。

2001年10月、プレイオフでの言葉です。「これまで、重圧のかかる状況でもたくさん戦ってきたし、それを乗りこえてきたという自信はあります」

87

試合開始が遅れることをきいて寝ました。
こういうときのために自分の枕を持ってきています。

2001年10月、プレイオフ試合開始が遅れたときの言葉です。2002年7月には「最も気をつけていることは寝ることです」ともいっている。

88

準備に集中することができました。それがすべてだと思います。

2001年、プレイオフ初戦でインディアンスを下し、勝因をきかれたときの言葉。「自信を持ってグラウンドに立つことができました。次の試合に対しては、相手が決まってから精神的な準備をします」

89

まず、体をゆっくり休めて、野球がやりたくなるまで待ちます。

2001年11月、すばらしい成績を残したあと、なにをするかときかれたときの言葉です。「野球がやりたくなるまではバスケットボールを見に妻と出かけたりです」

90

やれることはすべてやったし、手を抜いたことは一度もありません。
常にやれることをやろうとした自分がいたこと、
それに対して準備ができた自分がいたことを、誇りに思っています。

2002年9月、200本安打を達成したあとの言葉です。「希望としては常に一定の状態を保ちたいです。健康でケガなくプレイをつづけることができればと思っています」

91

自分がまったく予想していない球が来たときに、どう対応するか。
それが大事です。試合では、打ちたい球は来ない。
好きな球を待っていては終わってしまいます。

2003年シーズンオフにおける言葉です。

92

野球がうまくなる環境が作れるなら、投資をします。
家は、そういうものです。

2003年のシーズン終了後の言葉です。

93

手ごたえがあったり、そうだと思っていたらちがったり。
そのくりかえしです。
いつも前に進んでいたら常に打てることになりますから。

2004年4月、バッティングの感覚についてきかれたときの言葉です。

94

自分のミスによる凡打が減って、前進できました。何年も、そこをなんとかできないかと思っていたのです。

２００４年シーズン終了後、安打が飛躍的に増えた理由をきかれたときの言葉です。「自分の信じてきたことを、表現できるようになりました。これまでの自分の考えを信じてきてよかったと思います」

95

なかなかうまくいかないことをのりこえようという自分がいて、
のりこえられたら、それは最高です。

2003年のシーズンが終了したときの言葉です。「日本で7年間、アメリカで3年間、10年やってもあたらしいプレッシャーが出てきます。そういう野球というスポーツの奥の深さがおもしろいですよね。10年やってもあたらしい気持ちが生まれてくることによろこびを感じます」

96

ケガをしない体の使い方を覚えれば、
選手としての寿命もずいぶん変わります。

2004年1月、ファンを前に語った言葉です。2003年の3月には「注意することは、風邪をひかないこととケガをしないことです」といっています。

97

やらされる練習じゃなければ、
いろんなことが、うまくまわってきます。

２００３年のシーズン終了後の言葉です。気持ちについては、２００３年の４月にも「積極的に打とうと思うのはいつもです。強い気持ちと自信を持っていないと打てる球もファウルになってしまいます」といっています。

98

キレることはないですが、がっかりすることはあります。
でも、野球とはそういう要素がほとんどですから。

2004年5月、勝てない日々がつづくことについての言葉です。

99

手入れをしたグラブで練習をしたことは、体に、かならず残ります。
記憶が体に残ってゆきます。

２００３年のシーズン終了後の言葉です。「汚いグラブでプレイしていたら、その練習は記憶には残りません」

100

同じ練習をしていても、何を感じながらやっているかで、ぜんぜん結果は違ってくるわけです。

2002年のシーズン終了後の言葉です。「同じ形を真似たとしても、そこで本人が何を感じながらやっているかというのが、結果に大きく関わってくるとは思います」

101

少なくとも、「１００％仕事」の感覚になってしまったら、
もう、自分の技術を磨こうというふうには、なっていきません。

２００３年のシーズン終了後の言葉です。「その人は、ある程度の給料をもらうようになったら、それで満足してしまいます」

102

ぼくも、グラウンドに行きたくない日はたくさんあるのです。
そのときには職業意識が出てきます。
「仕事だからしょうがない」と、自分に言い聞かせるときもあるのです。

2003年のシーズン終了後の言葉です。「もちろん、『これは仕事だ』という感覚も持っています。プロ選手ですし、それで給料をもらうわけですから、当然持っている意識です。球場に行きたくない日は、いっぱいあります。ただ、おそらく野球選手の中においては、まだ、野球が趣味であるというような感覚を持っているというか、趣味という感覚のほうが強い人が、パーセンテージでいうと多いと思います」

103

頭を使わないと厳しい投手との対戦は、緊張感がありますし、自分がどういう状態にあるのか把握しやすいのでたのしみなのです。

2004年3月、マダックス投手との対戦での言葉です。ライバルのハドソン投手については「ハドソンは、ぼくの可能性を引き出してくれる可能性のある相手ですね。ぼく自身もハドソンに対してそうありたい。ぼくはもうルーキーではないですから。おたがいにリスペクトしあって、プライドを持ってやっています。彼の投げるボールとぼくのバットで会話しているんです」といっています。

104

かつては試合が終わってから
チームメイトとごはんを食べにいきたくありませんでした。
一緒に食べにいくと、どうしても試合の話になっちゃって、
切りかえができませんから。

2004年1月、ファンを前に語った言葉です。「今は、アメリカに行ったということもあって、日本の野球選手と会いたい気持ちも、また強くなってきています。もちろん、現在のチームメイトとは、食事に行きたくないですよ、いまだに」

105

満足の規準は、少なくとも、誰かに勝ったときではありません。自分が定めたものを達成したときに、出てくるものです。

2004年10月、大リーグ安打記録を達成したときの言葉です。

106

ぼくがいつも自分のことをあまりいわないのは、
いいわけにきこえるからです。

「自分の調子をジャッジしない」ということについて、いつもいっている言葉です。「どう取られるかわからないことは、行動で示したほうがいいと思っています」

107

結局、見破られてアウトにされたとしても、
起こり得るプレイではないかもしれないことまで可能性を考えられることと、
考えないで止まってしまうこととは、ぜんぜん意味が違うと思います。

2003年のシーズン終了後の言葉です。打撃のときも、さまざまな可能性を考えることについて「ヤマを張るにはリスクがありすぎるので、まっすぐも対応できるように意識していました。イメージした球をイメージした通りに打つ打撃とはまったく違うから、今回のホームランはうれしいです」といっています（2003年4月）。狙っていた球以外のものへの対応をこころがけているようです。

第3章

イチローの不安と逆風

大リーグ安打記録を達成した2004年でさえも、1年を通してチームはここ数年で最も敗戦が多く、イチロー選手本人も前半戦には打撃の不振を噂され、苦しいシーズンを過ごさざるをえなかったのでした。2004年のみならず、イチロー選手は「思うようにいかないときに、どう仕事をこなすかが大事です」と言いつづけ、あきらめず、自暴自棄にならずにやるべきことを続けようとしていました。「打てない時期にこそ、勇気を持ってなるべくバットから離れるべきです」「相手が変えようとしてくるときに、自分も変わろうとすること、これがいちばんこわい」苦境に立っている人のヒントになるような言葉を、この章では集めています。

108

「達成できないのではないか？」という逆風は、最高です。
「がんばれ、がんばれ」という人がいるより、ぼくは、
「できないでいてくれ」という人がいる方が熱くなる。

2004年10月、記録達成前の逆風についてきかれたときの言葉です。

109

相手が変えようとしてくるときに、自分も変わろうとすること、これがいちばんこわいと思います。

2002年のシーズン終了後の言葉。「以前、それで失敗していますから、このことは自分に言いきかせなければいけない部分だと思います」といっていたときの言葉です。

110

「できなくてもしょうがない」は、終わってから思うことであって、途中にそれを思ったら、絶対に達成できません。

２００４年、安打記録達成前の気持ちをふりかえったときの言葉です。

111

グラウンドの上では、自分の築きあげてきた技術に対する自信、
今までやってきたことに対する自信、
「やりたい」と思う強い気持ちが、支えになります。

2004年シーズン終了後の言葉です。「野球に関して言えば、これまで、目の前に近づいてきて具体的にイメージできたことをなしとげられなかったことはほとんどありません。だからつかめるというのはあります。一度そう思ったら、とことんいけますから」

112

こんなに苦しいのは自分だけか、と思うこともたくさんあります。
それを見せるか見せないかの話です。
みなさん、ぼくのことは、疲れていないと思っていませんか?

2003年のシーズン終了後の言葉です。2004年の安打記録達成前も、「あれだけ気持ちが揺れうごくことというのは、なかなかないですね。1打席ヒットを打っただけで、可能性が見えてくる。1打席凡退しただけで、可能性がものすごく減っていく。そういうこれまでにない感覚を受けていました」と感じていたのだといいます。

113

打てない時期にこそ、勇気を持ってなるべくバットから離れるべきです。
勇気を持ってバットから離れないと、もっとこわくなるときがあります。
そういう時期にどうやって気分転換をするかは、すごく大事なことです。

2002年のシーズンの後に「ヒットが出ないときに選手がどういうことを考えるかというと、常にバットを握っていたい、それで何かを見つけたいということですが、そういうことをすると、結局、きりかえができなくて、もっと苦しくなっていきます。気分転換は野球選手である以上、永遠に持ちつづけるテーマ」といっていたときの言葉です。

114

結果が出ず、その原因がわからないときは、不安になった。

２００３年、苦しいシーズンのなかで達成した２００本安打についての言葉です。「こういう苦しさは、プロに入ってからはなかった。ボールが投げられなくなったときの苦しさに近い」

115

今は、自分がわからないことに遭遇するときや、
知らないことに出会ったときに
「お、自分はまだまだいける」と思います。

2004年1月、ファンを前に語った言葉です。

116

こういうときこそ、受けとめなくてはいけません。
野球を投げてしまうことは、絶対にしてはいけません。

2003年9月、無安打に終わった日の言葉です。「違う動きをしているわけではありません。体に何か問題があるかといえばそうでもありません。不思議といえば不思議。ただ、打撃とはそういうものであるともいえます。どんな理由を探しても『かもしれない』でしか当てはまりません」

117

思うようにいかないときに、どう仕事をこなすかが大事です。

2003年6月、チームの状態をきかれたときの言葉です。「勝っているなかでも犯しているミス、防げるはずのミスを把握できているかなんです。勝ってしまうと、ミスは見逃されてしまうものですが、勝っているなかでそれに気づいているかどうかです」

少し感覚を失ったときにどういう自分でいられるかなのです。
苦しいですが、あきらめない姿勢があれば、
なにかをつかむきっかけになります。

2003年6月、ヒットを打ちつづける秘訣をきかれ「逆風は大歓迎ですね」とこたえたときの言葉。「ぼくは逆風がきらいではないし、あったほうがいいと思っています。そういうものがあれば、ステップアップすることにつながると思うんです」

119

自分では「できるかどうか」は半信半疑です。
いつも人が思うこととは温度差を感じています。

2004年9月、メジャー通算900安打を記録したときの言葉です。「今年238本打てば900本だと最初にいわれたときには、簡単にいうなよと思いました」

120

絶対に負けないぞと思うことが余計な力になってしまって、
なんかこう、しなくてもいいような練習をしてしまったり、
ふだんの自分ではない自分がいて苦しんだことがあります。

2002年春、イチロー選手が「いい成績が残ったあと、それをいかに過去のことにしてしまうかが大事です」といったときの言葉です。

121

苦しかったときのことは、鮮明に覚えています。
なきゃないにこしたことはないのですから、ぜんぜん笑えないです。

苦しいときの記憶について、２００３年のシーズンオフに話していた言葉です。

122

いろいろなこわさを知って、そのこわさを乗りこえて、自分の技術を確立して残した数字は、重みが違います。

2004年10月、かつての記録をふりかえった上で「今年は、こわさを知らないで自分の力よりも大きなものがはたらいたシーズンではありません」といったときの言葉です。

123

何年、野球をやっても、勉強することがあるわけです。

2003年7月、ミスをしたときの言葉です。

124

重圧や怒りから吐き気がしたり息が苦しくなったりすることは、
これまでにはなかった経験でしたから、自分でも驚きました。

2003年9月、3年目のシーズン終了後の言葉です。「朝起きたときに感じるプレッシャーはもうないですから、ホッとしているとはいえると思います」

125

メンタルな部分がおよぼす肉体への影響はとてつもなく大きいと感じました。

2003年の苦しいシーズンのなかの発見をきかれたときの言葉です。「技術面の不安はないです」ともいっていました。

126

首位打者を目標にしていたら、どこかで挫折をしていたでしょう。

メジャーリーグ2年目を終了したあとの言葉です。「首位打者を目標にすることは苦しすぎます。ぼくのいちばんの目標は『あれをやっておけばよかった』ということがないようにすることです。そこにはいつも手抜きがありません」

127

気持ちは、一生、きりかえられません。
ただ、抗議しても判定は覆らないし、なんのメリットもありませんから。

2004年9月、安打記録目前の頃、試合後に審判が自ら認めるほどの誤審への言葉です。

128

チームにとっては勝つことが最高の薬ですから、
いい結果が必要ですが、負ける原因がわからず、
苦しいなかでやらなければならないというのは事実です。

2004年5月、チームの苦境をきかれたときの言葉です。数日後、監督の審判への抗議についての質問に対しては「そういうことしか話せないのはさびしいですよね」とこたえました。

129

最下位から脱出できる、といいきることはできません。それでも脱出するために全力を尽くす必要があります。

チームが最下位のまま、残り試合数が半分になったときの言葉です。「残りは、勝ちたいという意欲があれば短いと感じるだろうし、あきらめている人なら長く感じるでしょう」

130

チームの状態については、ぼくが判断することではないでしょう。
個人のモチベーションには影響しませんが、
よく覚えておきたいとは思います。

2004年7月、チームの苦境をきかれたときの言葉です。「覚えておきたいものは悔しさではありません。それを覚えておくのはさわやか高校球児です。ぼくらはそういうレベルではやっていませんから」「自分が打てなくても、チームが勝ってうれしいなんてありえません。そういうことをいうのはアマチュアでしょう」

131

苦しいことの先に、あたらしいなにかが見つかると信じています。

2004年7月、チームが最下位の状態に「こんなことは子どものときから一度も経験したことがありません」といったあとの言葉です。

132

「そう思わないようにする」というなら
「そう思ってしまっている」ということです。

2004年8月、200本安打に残り1本の現状を意識するかときかれたときの言葉です

133

注目されないと、ぼくは終わってしまうので、
注目されて苦しい、と思うことはありません。

2004年10月、安打記録達成後、注目について話した言葉です。「やりたいと思うからプレッシャーがかかります。やれると思うからプレッシャーがかかります」というコメントも残している。

134

数字の重圧は、２５８本目より２５７本目のほうが重かったです。
自分で重くしてしまったのかもしれないですが。

２００４年10月、安打記録達成後に「野球のなかで感じたプレッシャーを排除してプレイするのは、少なくともぼくにはできません」といったときの言葉です。

135

どんな状況でも、自分のパフォーマンスをしなくちゃいけません。
どんな状況でも、一定のラインをクリアするのがプロですから。

2004年8月、200本安打を達成したときの言葉です。「そういう意味でも、ぼくにとっては、200本安打は大きなものです」

136

やっている最中にプレッシャーからときはなたれることは不可能です。
そこから抜けだす方法はない。
苦しみを背負ってプレイするしかありません。

２００４年10月、大リーグ安打記録達成後に「プレッシャーがかかったなかで、どうやってそこから抜けだすのかとよくきかれますけども、その方法というのはありません。それを今回も強く感じました」といったときの言葉です。

137

どんな負けかたをしようと1日に2敗することはありません。

2001年10月、プレイオフで敗戦した後の言葉です。「今日のことはロッカーで整理して、明日のゲームの準備をします。グラウンドに立っているかぎり、自分を見失っているとは感じません。まわりが見えているし、ふつうの状態です」

138

人のアドバイスをきいているようでは、どんどん悪いほうにいきます。
まわりは、前のフォームがどうだったとかいいますが、
実はそんなことはたいしたことではなく、精神的なものが大きいと思います。
どうやって気分を替えるかとか、そういうことが大事ですからね。

2002年6月、スランプについてきかれたときの言葉です。

139

自分の力を完全には発揮できない時は、
それを相手に悟られないようにしないといけません。

スランプだと推測されることについて、イチロー選手は、2003年のシーズンオフに「本来の自分でない状態であると見せた時点で終わりです」と語っています。

140

昔はガムシャラに練習をやっていましたからね、
結局は体に無理がきちゃったんです。
「やらなきゃいけない」って思ってはいたんですけど、
やっぱりどこかにひずみみたいなものが出てきちゃうんです。

イチロー選手は、「昔はとにかくバットを振らないと、バッティングの感覚が戻ってこなかったのです。ヒットを打っても、打っている感じっていうのが全然戻ってこなかった」といっていました。

141

アメリカ行きを言い出した当時のぼくにとって、考えられることは、
もう、環境を変えることしかなかったのです。

2003年のシーズン終了後の言葉です。メジャー移籍が決まった頃には「ぼく以上の力は出せないので、ぼくの持っている力を出せるように努力をするということです」というコメントを残していました。

142

苦しいシーズンで、経験できなかったことをくぐり抜けると、
もっと野球を好きになります。
野球の魅力っていうのは、終わりがありません。

2004年のシーズン前の言葉です。2003年3月、オープン戦においても「ファウルで何球も粘るとか、人が打てない球をヒットゾーンに持っていくとか、そういうぼくの特徴が出れば、感覚は戻ってきたかなと思います」と苦しいときにこそ体の調整ができるといっていました。

143

妥協をたくさんしてきたし、自分に負けたことも、いっぱいあります。
ただ、野球に関しては、それがないというだけで。

2003年のシーズン終了後の言葉です。調子が万全かどうかをきかれたとき、イチロー選手はよく「万全」ということでなく「体がいい反応をしています」とこたえていました。2003年3月には「100%がどこかは分かりません。ただ、今のところは思い通りというか、考えていることとはそれほど遠くない状態にあります」といっていました。

144

野球は失敗のスポーツです。どれだけがんばっても、先はないのです。

2003年のシーズン終了後の言葉です。まだやるべきことがあるということについては、2004年10月、国民栄誉賞を辞退したときにも「大変光栄です。ただ、自分としては、まだまだこれからやらなければならないことがあり、プレイを続けている間はもらう立場ではないと思います。途中で国家から表彰を受けるとなると、モチベーションが下がり、ピークが終わったのではないかと受け取られると、ファンの方々にももうしわけないです。野球生活を終わり、本当にやり切ったという時に、もし頂けるのであれば大変ありがたいと思っています」といっています。

145

安打にできるはずなのに、それを自分の主体によって凡打にしてしまっています。ぼくは極めて打ち損じが多いと思います。相手にやられるのではなくて、自分は捕らえられるのに、何かの狂いで凡打にしてしまっています。完全にやられていればあきらめもつくのですけれど。

2003年3月上旬、オープン戦での報道陣への言葉。「あれはぼくのミスです。課題なのです」といったあとに。

146

力を出しきることは難しいですよ。
苦しくて、苦しくて、倒れそうになります。
でも、それをやめてしまったら終わりです。プロの資格はなくなりますね。

イチロー選手には、打てなかったときに得るヒントについての発言が多いのです。

147

ヒットが出ない試合が続いていて、
次の試合の1打席目でもヒットが出ないと、
今日もダメかと思ってしまう人が多いと思います。でもそこが大事。
きっかけをつかむために、次の打席も集中する自分でないと、まずいですね。

2003年、シーズンオフに語った言葉です。

148

気持ちが落ちてしまうと、それを肉体でカバーできませんが、その逆はいくらでもあります。

2004年8月、2004年度で引退するエドガー・マルティネスのホームランを見ていった言葉です。

149

自分のしたことに人が評価をくだす、それは自由ですけれども、
それによって、自分を惑わされたくないのです。

2003年のシーズン終了後の言葉です。

150

ぼくは、自分のやっていることを、自分でわかっているはずでした。
ただ、当時の新聞を見ると、過剰に評価をしていたのです。
それによって、自分がちょっと舞いあがってしまう。
その時点で、自分を見失っているのですよね。

2003年のシーズン終了後の言葉です。「94年に、ぼくがはじめて安打を200本打ちましたよね。新聞の一面に、自分が載っている。それはうれしいですよ、やっぱり。自分の方から、新聞を取りにいって読んでしまうのです。日本一になるあたりまでは、もう、フワフワフワフワしていて、とても、地に足が着いた状態ではなかったと思いますね」

151

ぼくの中のスランプの定義というのは、感覚をつかんでいないことです。

スランプについて、イチロー選手は、いつもこう述べています。

152

自分が自分でなかったことに、気づけた経験がなくては、今の自分はいないのです。

2004年1月、ファンを前に語った言葉です。「つまり当時は、自分がやっていること自体よりも、世の中の人に評価をされることを望んでいた自分がいたということです」

153

プレッシャーにつぶれるようだったら、
その選手はそこまでだというい い かたもあります。

2002年のシーズン終了後の言葉です。2005年の1月には、プレッシャーをはねのけて「期待してください。好きなように、好きなだけ、期待してください」といっています。

154

ヒットをたくさん打つようになってからは、甘い球を待てなくなりました。むずかしい球が来るまで待つという姿勢になっちゃったんです。

２００２年のシーズンが終わったあとの言葉です。２００４年９月には「特定の球を狙わなければいけないような体の使い方では打てなくなりますからね。予想外の球がきても、そこから立て直せるかどうか、その体の使い方が大事になります」といっています。

155

自分たちのペースで試合をできないという状況なら、いくら力を持っていても負けてしまう可能性があるわけです。

自分のペースで試合をやるために準備が必要だということで、2002年11月には「必要な準備は、今後も体と相談しながらやっていきます。たとえば、はやくグラウンドに来る、とかいうことです」ともいっています。

156

勝ち続けると、どうしても悪い部分から
目を逸らしがちになっちゃうじゃないですか。
そういうとき、選手は「いつか負けるんだろうなぁ」って思っているのです。
でも監督はそうは思っていません。

2002年のシーズンのチームの状態について述べた言葉です。

157

監督がメディアに選手の愚痴をいいはじめると、チームはあっけなく崩れるものなのです。監督、コーチと選手たちとの間の信頼関係が一気に失われちゃうのです。

2002年のシーズンのチームの状態についての言葉です。「チームが壊れるときって必ずターニングポイントみたいな出来事って起こります」

第4章

イチローの形と野球観

イチロー選手は「形（かたち）」という言葉をよく使います。「形」ができるまでは苦しみもがいていろいろ試さなければいけないが、「形」ができれば、そこからは技術が飛躍的に向上することはないまま、しっかりとした結果を出しつづけられる……禅問答のような言葉ではあるけれど、「形」を通して語りかけてくれる言葉には、打者としての一貫した哲学が見られるのです。また、野球選手でなくとも伝わりやすいひとつの世界に向かう姿勢でもあります。イチロー選手の野球観や、報道陣への言葉などをまじえて、「形」への思いを集めたこの章を、「イチローさんのいう『形』って、自分の仕事でいうと、こういうことなのかなぁ」などと推測しながら、おたのしみくださいね。

158

自分の「形」ができてしまったあとにも、
技術が、目に見えて向上するというのはありえないと思います。

2004年5月、2000本安打のときの会見の言葉。「仮にいまから飛躍的に技術が伸びたとしたら、いままでは何をやってきたのかと思います」

159

どうやってヒットを打ったのかが問題です。
たまたま出たヒットでは、なにも得られません。

自分の「形」を得ていない頃、98年の途中までは首位打者でいつづけていても悩んでいたという。その頃をふりかえっての言葉。（2002年）

160

１９９８年までのぼくは、自分の「形」を探すのに精一杯だったのです。世の中の人の中には、形が変われば、それを進化と評価する人もいますけど、ぼくの場合は退化だったのですよね。

２００４年１月、ファンを前に語った言葉です。

161

最初はマネごとみたいなところからはじまりますよね。
いろんな人のフォームをマネたりして、
なんとなくいまの自分がいるという感じはあります。

2002年のシーズン終了後の言葉です。人の「形」を別のものにするということについて、2004年には「ぼくはセオリーを壊してなんぼです。ルールブックには内野安打を打ってはいけないと書いてないですし」という言葉も残しています。

162

誰かに教えてもらって「形」を作ってきたわけではなくて、
自分でやりたい放題にやってきたのです。

2002年のシーズン終了後の言葉です。「人と同じじゃなくて、人と比べて抜きんでていないといけないと思っていましたから、『こういうふうに打たなくてはいけない』みたいな言葉には常に反抗していました」

163

自分の「形」っていうのを見つけてからは、
練習をしなくても打つイメージができているから、
打っている感覚を取り戻すのも早くなったのです。

２００２年のシーズン終了後、イチロー選手は、「形」を探し求めたあとのことをこう語っていました。

164

かつては、いろんな「形」を試していました。
あれは、自分の「形」が見つからない不安の証でもありました。

2003年のシーズン終了後の言葉です。「それだけ『形』が変わる心情を人に見すかされるとやっぱりつらい。でもそんなことは考えていられなかった。とにかく、自分の形を見つけたい、取りもどしたい。その一心で、なりふりかまっていなかったんです」

165

ピッチャーの決め球を打つのか、甘い球を待って打つのかで、バッテリーに与える精神的な影響は、ぜんぜん違ってきます。

2003年4月、ピッチャーの決め球を打つことについて「決め球を打っていくことはむずかしいことですが、打てなくてもその姿勢を見せることは、相手を考えさせることにつながりますし、それで打てれば、相手は『こいつは何を考えているのだろう?』とパニックになりますよね。そういう意味でも、決め球を打つことは大事」といったときの言葉。

166

自分の「形」を作ってからというのは、毎年、自分への期待が大きいです。
自分がベストな状態でプレイできる状態に持っていく自信は強いですから。

２００２年のシーズン終了時に「苦しかったです。だけどたのしかったです」とふりかえったときの言葉。

167

自分の「形」ができていない状態では、いろいろなことを感じられません。

2003年のシーズン終了後の言葉です。

168

メジャーリーグでは、バッティングにしても
自分の「形」をまだしっかりつかんでいないまま
アメリカに行こうとする選手がいるとすると、大変なことになると思います。

2002年のシーズン終了後の言葉です。「『形』を作り上げたことが絶対的なものじゃないと、その自信はすぐにでも揺らいでしまいますから」

169

練習で100%自分を作らないと、打席に立つことはできません。
自分の「形」を見つけていないと、どん底まで、落とされます。

2002年末の、自分の「形」についての言葉です。

170

パワーは要らないと思います。それより大事なのは、自分の「形」を持っていないといけないということです。

2002年、シーズン終了後にいった言葉です。「ウエイト・トレーニングをして体をおおきくすることは、ぼくにとってはムダだと気づけたことはおおきかったです」

171

彼は、技術的には自分の「形」がしっかりしていることが基本ですが、メンタルな部分が安定していることが、何よりも強みだと思います。

2003年6月に2000本安打を達成したチームメイトのオルルッドについてのコメントを求められたイチロー選手は「どんな時も気持ちが揺るがないところは、みんなが見習うべき点だと思います」とも述べ、「形」と「メンタルの安定」の重要さを語っていました。

172

打撃投手が必要なのは、自分のスタイル、「形」ができるまで。
打ち込みが必要な時期までです。
その後はそれほど、打ち込む必要はないのです。

「形」を追い求めている時期について、イチロー選手は、2003年シーズンオフに「それができるまでは、打つことによって何かを見つけなければいけないのですが」と語っています。

173

自分の考えていることがはずれた球に、どう対応するかです。
練習で作った形を100%としたら、
70%や80%の力で結果を出さないといけません。

2002年末の、自分の「形」についての言葉。「ゲームでは自分が考えているような球は投げてくれないですから」

174

チームの役割が確立できていないというのは、
「形」ができていない、ということです。

打順が1番から3番に変化して、1番に戻りたいかときかれて「それはそうですね。チーム状態が悪くてこうなっているわけですから」とこたえたあとの言葉です。

175

「打順によって打撃を変える」という意味がよくわかりません。
2番打者の役割ならともかく、「3番だからホームランを打とうと思うか」と聞く記者には問題があると思います。

2004年6月、3番打者になったときの言葉です。

176

相手が強い気持ちをこめて自信を持って投げこんでくる球というのは、バッターが受け身でいたら、打てる球でも前に飛びません。

2002年末、メジャーリーグのピッチャーについて「相手にスキを見せると、とにかくそこを攻めてきます。バッターの穴が見つかればそこばかりを突いてきますから」といっていたときの言葉。

177

プレイを見るだけで、なにを語ろうとしているかわかる選手は、かっこいいと思います。

2004年7月の球宴を前に、クレメンス投手を「しゃべる必要がない」と評しての言葉です。

178

今は6安打もイメージできる自分になりつつあります。
いつかやってみたいです。

2004年9月、イバニエス選手が1試合6安打を記録したときの言葉です。

179

これまではイメージに結果が伴っていませんでした。
それが伴ってきたら、こういうふうになります。

2004年8月に月間56安打を達成し「いうことがなくなってきましたね」といったあとの言葉です。

180

いい記者になるためには、質問は、自分で考えなければいけません。人はみんなそう成長するのですから。いい質問だけにしてください。

2004年9月、ロッカールームでメディアに囲まれて「イチロー選手なら自分にどう質問しますか」ときかれたときの言葉です。

181

こんな経験をさせてもらって、
この町を好きにならないわけがないですよね。

2004年10月、安打記録達成後に「ぼくがモチベーションを保って野球をできたのはシアトルの熱い声援があるからです」と、シアトルの人たちに感謝を告げたときの言葉です。

182

野球というものを通じていろいろな交流ができる。奥の深い競技から、いろんなことを感じてもらう。ぼくにとって、こんなにうれしいことはないです。

2004年10月、シーズン終了後の会見で「野球というスポーツは世界的にはそれほど競技人口が多くないと思うのですけれど」としながらもいった言葉です。

183

モチベーションは、野球が好きだということです。

2004年10月、安打記録達成への原動力をきかれたときの言葉です。

184

精神の成長については、証明できないので、はっきりこれだとはいえません。自分で作るものでなく、経験を経て勝手にそういう状態になるものですから。

2004年8月、2000本安打を達成したときに「心の成長」をきかれたときの言葉です。

185

打席に立つときの気持ちは公式戦と変わりません。
オールスターの打席に立って満足するような選手はクビですよ。

2004年7月、球宴で二塁打を打ったときの言葉です。

186

「ただの野球だろ?」という気持ちは、昔は、ありました。
今は、ないですよ。

2003年のシーズン終了後の言葉です。「これだけの人が集まって、ぼくに会いに来てくれるわけです。こういう目で見てくれている人たちがいると思ったら、たかが野球という気持ちにはとてもなれない」

187

「絶好調」の定義がわかりません。
相手の意図は透けて見えないし、
ボールは止まって見えることもなく常にやたらと動いて見えます。

2004年8月、絶好調ですかときかれたときの言葉です。

188

通りいっぺんの答えで終わりにしちゃうことはできません。
手を抜くことができない。
だからそういうインタビューには出ないのです。

2003年のシーズン終了後の言葉です。

189

言いかたは悪いですけど、
これからは自分勝手に、自分がやりたいことをやって、
それを見て人がたのしいかどうかは気にしません。
そういう生き方をしていきたいと思っています。

2004年1月、ファンを前に語った言葉です。

190

聞いている側にとって、ちょっと聞き苦しいことをいいだしたら、それは本音ですよ。そしてさらにそれを超えれば、ほんとの評価になります。

2003年のシーズン終了後にいった言葉です。3年経って、大きな評価を得るようになったことについては「野球選手としても人間としても、いつまでも前に進んでいきたいという気持ちがあります。敵の選手から評価を受けることはありがたいことですが、ぼくが最初にメジャーにきたときには、敵を評価する側でした。その点では、この3年やってきて、自分が前に進んでいるという実感を得たということがうれしいです」

191

打線が苦しいときには、
守備とか走塁で流れをつくるのが野球の基本です。

2004年4月、フェンス際のファインプレイで勝利をつかんだあとの言葉です。「ミスをものにできるかどうかが、いいチームかどうかということです。こういう勝ちは小さくはないですよ」

192

たった1本の内野安打でも観客はぼくを称えてくれているのです。
そういう観客の姿を見ると、やっぱりやる気が出てきますよ。

アメリカの野球文化について、2002年のシーズン終了後に述べた言葉です。「アメリカの球場だと、おじいさんと孫みたいなふたり連れがたくさんいます。そういうふうにアメリカでは違う世代にちゃんと野球の素晴らしさみたいなものを伝えているということを感じられるのです」といっています。

193

これ以上やっても抜きんでることはできません。
だから勉強を捨てました。

2003年のシーズン終了後の言葉です。「中学生の頃、自分ができる限りの勉強はしました。でも、1番にはなれなかったのです。学年で7番とか8番にはなれても、決して1番にはなれなかった。それで、勉強をあきらめました。野球はみんなが一生懸命やっていて、ぼくは適当にやっていました。でも断然トップでした。野球だったら、好きだしおそらく1番になれるだろうと」

194

開幕ベストはあまりよくありません。

2004年5月の言葉です。「個人的にはキャンプと4月は準備期間。そういう意識を持ってやっています」

195

究極の下の人も、究極の上の人も、
なりふりかまわないで、自分の行きたい道を進むことができます。

2003年のシーズン終了後の言葉です。「その間にいる人が、ゴマをすりながらどっちつかず、なのです」

196

30歳、40歳になっても
一流プレイヤーであり続ける選手がメジャーに多いのは、
芝生の違いもあるからでしょう。

プレイをつづける環境に関する、2002年11月の言葉です。「そういうことは考えるべきことです。ベストを尽くせる環境にして欲しいですね」と日本の人工芝について述べていました。

197

テレビの向こうで、こういう目で見てくれている人たちがいると思ったら、
たかが野球という気持ちには、とてもなれません。
適当にあしらうことなんて、できません。

2004年1月、ファンを前に語った言葉です。

198

集中力に変わりはありません。少しずつ前に進んでいるという感覚です。

２００４年10月、安打記録達成後の、集中力についての言葉。２００４年の５月にもほぼ同じ「チームの調子が悪くても自分が崩れることは考えていません。集中してやっているので、余計なことは考えません」というコメントを残しています。

199

見てくれている人とは、長く、強いつながりを持ちたいのです。

2004年1月、ファンを前に語った言葉です。「プレイを見ている側が、何かを推測する、考える、感じとろうとしてくれるつながりを持ちたいです」

200

優勝メンバーが3年で半分以上変わりましたが、
ここでプレイする以上は、こういうことも受けとめないといけません。

2004年7月、同僚のオルルッドが戦力外通告を受けたときの言葉です。
「みんなショックだったでしょう。感情を表に出さないけれど、確実に仕事をしてくれる中心選手でした」

201

ぼくはなかなか、その日の試合のことについてしゃべるということをしていません。でもオフになってから「イチローは何を考えているのだろう?」という質問には答えます。

2003年のシーズン終了後の言葉です。「長い時間をかけると、知りたいほうとしては、イライラしますよね。早く言ってくれよという気にもなる。でも、そうやって興味を持ってもらうことが大事だと思っているのです」

202

メディアの圧力に負けてしまう選手もいると思います。
そのために成長しあえない関係になった例もずいぶんあります。

２００４年１月、ファンを前に語った言葉です。「メディアと選手の関係をガラッと変えることは難しくても、いろんなところで、きっかけは作れる。僕はそれをしたいんです」。

203

ぼくにとってのお金は、野球ファンだけではない人たちに
影響を与えられているということへの評価だと思っているわけです。

2004年1月、ファンを前に語った言葉です。

204

相手がいろいろ考えてくれるので
自分に有利という場合もありますし、その逆もあります。

2004年のシーズン中、相手とのかけひきについての言葉です。知らない選手については「情報がない投手はゲームの中で適応するしかありません。どんな状態でもぼくの姿勢は変わりません。たとえチームが20連敗していようとも」ともいっています。

205

今、ぼくに興味を持って応援してくれている人たちっていうのは、
その人たちも、選ばれた人だと思っています。

2003年のシーズン終了後の言葉です。2003年9月下旬、地区優勝の可能性も消え、シーズン終了直前の試合でも球場に足を運んでくれるファンについて、イチロー選手は「こういう時に来てくれる人は本当に好きな人たち。楽しみはそこしかないでしょう」と語っています。

206

勝ちこしをつづけていけば、
知らないうちに5割に近づいてくるわけです。

2004年5月、チームが負けているとき、勝つための姿勢について、こういっていました。

207

自分以外の人たちが作る状況によって、自分が幸せに感じられる、嬉しく感じられるとは思いません。

2002年のシーズン終了後、こう語っています。「自分が何かをやることによって、自分が幸せを感じるならばわかるのですけれど。単にそういった状況を見て、ああ、自分は幸せだなあ、っていうふうには思わないです」

208

ぼくは、ものすごく小さな家で育っています。
いちばん広い部屋が四畳半ぐらいでした。
お風呂の湯船にも、ぼくはちいさくなって入らないと入れなかったのです。
あの家で育ったことっていうのは、
いろいろなことを、思い出させてくれるのです。

2003年のシーズン終了後の言葉です。「当時は、ぼく、いちばんイヤなことでした。ともだちを呼んだことがないですよ、家には」

209

ついてこれるものなら、ついてきてみろ。

2004年1月、ファンを前に語った言葉です。「みなさんには覚悟を持って、ついてくるならついてきてもらいたいと思います」

210

メディアと選手というのは戦っています。
おたがいが緊張しなくてはいけないし、
おたがいが育てあう関係だと思います。ですから妥協はしたくないのです。

2003年のシーズン終了後の言葉です。

211

まぁ、人間、褒められるとダメになってしまう人もいますから、褒める場所やタイミングっていうのは、褒める側からしたら、かなりむずかしいことではあるのですが。

2003年のシーズン終了後の言葉です。

212

バッティングセンターを作ったとしたら、
ぼくは必ずそこにいます。
人に任せることはしません。

2004年1月、ファンを前に「もし、バッティングセンターを作ったら」と聞かれて「もし作ったら、きっと僕は自分で教えに行きますよ。人任せにしません」と答えてます。

第5章

イチローの技術と結果

少年少女に向けて「目標を持ってがんばってください」とはっきり伝えるイチロー選手の声はやさしいです。しかし同時に、目標に対する技術面の裏づけや、「打ちつづけなければクビだし、プロは勝ちつづけなければなりません」「結果を出せないと、この世界では生きていけません。プロセスは、野球選手としてではなく人間をつくるために必要です」というように、結果に対する厳しさや冷静さが出た言葉も際立っているのです。激しい弱肉強食の世界で生き抜いてきた人ならではの「結果」に対する言葉を集めたこの章も、じっくり、お読みくださいね。

213

ぼくのプレイヤーとしての評価は
ディフェンスや走塁を抜きにしてははかれない。
どの部分も人より秀でているわけではないし、
すべてはバランスと考えています。

2001年11月、MVP受賞後の言葉です。「ぼくは打つことだけではインパクトを与えることはできないプレイヤーだと思っています」

214

驚かれているなら、まだまだです。驚かれないようになりたいです。

2004年8月、4年間通算の最多安打記録を塗りかえたときの言葉です。
「日本にいたときからぼくと記録はきりはなせない関係にありました。たいへんけっこうなこととは思いますが、それは見ている人がたのしむものです」

215

結果を出せないと、この世界では生きていけません。
プロセスは、野球選手としてではなく、人間をつくるために必要です。

2004年7月、「結果とプロセスは両方とも大事です」といったあとの言葉です。

216

完全に、骨格が違います。
アメリカ人のような筋肉を目指す必要はありません。

ここ数年、イチロー選手が折に触れていっている言葉です。

217

結果は特別です。でも、そこで感じているものは特別ではありません。

2004年7月、1試合5安打を打ち「いつだってイメージできていたが、なかなか実行はできなかった」といったときの言葉。

218

打ちつづけなければクビだし、プロは勝ちつづけなければなりません。

2004年9月、チームが苦境のときの言葉。「プレイオフ出場の可能性がなくなってからは、お客さんにはプレイにかかわることはどんなことでも興味を持ってもらわなければいけません。それがぼくらの使命です」

219

自分のベストを更新していくというのは、したいことでもあるし、しなくてはいけないことです。

2004年9月、2001年に記録した242安打をこえて「可能性があるかぎり、自己ベストはこえないといけない。そういう意味では、よかったです」といったときの言葉。

220

スーパースターであるとかいう評価があったとしても、
そういうものというのは動くのです。
だから、スーパースターだなんて言われても、何にもぼくはうれしくない。
すごい野球選手だといわれたら、ものすごくうれしいです。

2003年のシーズン終了後の言葉です。「スーパースター、なんていうのは、人が作りあげたもので、決して、自分が評価できるものではないんですよね」

221

突出した実力者になるには、
長い間、安定した成績を残さないといけません。

2004年9月、4年間の安打数も記録的なものになったときの言葉。
「1年だけの記録なら誰にでも可能性はありますが、今のような状態になることを1年目から目指してやってきたわけです」

222

いまは、ぼくが、首位打者について話しても、誰も笑わなくなりました。たいへん気持ちのいいことです。

2004年10月に「かつては、首位打者をとったら野球をやめてもいいというぐらいに遠いものだと感じていたし、首位打者について話すと人がすごく笑っていましたが……」といったときの言葉。

223

ぼくは、つまらない野球がイヤなので、
ファアボールを選ぶことは自分には合わないと思っています。
ゲームに勝つには、そういうことも、必要だと思いますけど。

2004年10月、シーズン終了後の会見の言葉です。

224

数は同じでも、そこに至るまでの環境や自分の心も体の状態もまったく違う。
単純比較はできないと思います。

2004年5月、日米通算で2000本安打を達成して、「最初の1000本と次の1000本を比較してどうですか?」ときかれたときの言葉です。

225

「人ができないことをやる」という意味で、天才と呼ばれるなら、こんなにうれしいことはありません。

2004年5月、日米通算2000本安打を達成したときの言葉です。

226

相手にスキがないと盗塁はむずかしいのですが、
スキさえあればいくらでもできます。
負けているなかでも粘りが見えてこないと、可能性も見えてきません。

2004年7月、1試合4盗塁のあとの言葉です。「盗塁をすることが、チームの状態に活かされるかどうかはわかりませんけど」

227

チームがこんな状況なので、
なにかたのしみは提供していかなければいけません。

２００４年８月、予想安打数の話題のときの言葉です。「安打数が語られることは宿命みたいなものです。野球はそれがおもしろくもあり、酷なことでもあります」

228

見えるところではなくて、見えないところを見てもらわないと、選手としてもつらいし、見ている側も、つまらないですよね。

2003年のシーズン終了後の言葉です。

229

視力はよくないのですが、動体視力になるといいです。
こういうことは、自分で能力を見つけないといけません。

2003年のシーズン終了後の言葉です。「ぼくは、静から動の動きでは力が発揮しづらいですね。動から動がちょうどいい。やっぱりタイプがあると思うのです。止まってから動いたほうがいい人もいますし」

230

アマチュアではないので、勝つことだけが目標ではありません。
プロとして自分がどういうプレイをするのかがすごく大事です。

2004年10月、「チームが勝っていなくても、ファンの人たちにどういうプレイを見てもらうのかという価値観が大事」といったときの言葉です。

231

走塁の間一髪のプレイが、いちばん、
野球選手としての能力が問われるところです。

2003年のシーズンオフ、走塁についての言葉です。「走塁でのプレイというのは、一瞬の判断・予測をしないとできません。このバッターがどういう打球を打つ可能性があるか。相手ピッチャーの球質はどうか。内野ゴロであればどういう内野ゴロが出る可能性が高いか。いちばんむずかしいのは走塁です」

232

道具も進化していますし、球場の設備も進化しています。
そこで、選手だけが変わらないのは、おかしいと思うのです。

2003年のシーズン終了後の言葉です。

233

人が勘違いしているのは、
「太いバットだと、たくさん当たる」と思っていることです。
たくさん当たるってことは、ミスショットも多くなりますから。

2004年1月、ファンを前に語った言葉です。「バントするならでっかいバットでもいいかもしれないけど、ふつうに打つときに、太いものでは、当たってはいけないところにも当たる可能性があります」

234

確実に当てたいから、細いバット、なんです。
スイートスポットは、小さいです。扱いはむずかしいですし、
細いバットなのですが、確実にとらえようと思ったら、
ぼくの場合は、でっかいバットではダメだと思います。

2004年1月、ファンを前に語った言葉です。「空振りなら、まだそれで可能性が残るじゃないですか。そこで変なところに当たってアウトになったら、泣くに泣けないですよ」

235

ぼくのバットには、形にも秘密があります。

2004年1月、ファンを前に語った言葉です。「太いバットでぼくのバットと同じぐらいの軽さにするなら、当然、中をくりぬかなくてはいけません。中が空洞ということは、バットとしては弱いです。細いバットで同じ重さであれば、細いもののほうが、中の空洞は狭いのですよね。当然、強くていい木になります」

236

太くて軽いバットでいい木を持ってこい、なんて、
理屈に合っていないわけです。

2004年1月、ファンを前に語った言葉です。「ぼくのバットについては、プロ野球選手の中でも誤解している人が多いのです。イチローのバットだけには、他のバットよりもいい木が来る、あいつだけ、いい木で作りやがって、と……」

237

なにかを意図的にやろうと思っても、なかなか伝わらないし、本来の姿でないものは、見ている人にはすぐに見破られます。

2002年11月、「本人が本気でないと、ほんとうのところは伝わらないでしょうね」といったときの言葉です。

238

シーズンはじめに安打200本という数字を頭におくが、それがいかにタフなことか、今回よくわかりました。「簡単にクチにできないな」という思いも強いです。

2003年9月、200本安打を達成しての言葉です。「個人としては最高の目標なので言葉にできないくらいうれしい。もちろん毎年むずかしい。でも今年はまったく気持ちが違います」

239

打ちたくない球を、勝手に打っちゃうときはあります。
アタマでは止めたいと思っているのに、体が打てると反応しちゃいます。
それは、しようと思ってやっていることではないのです。

２００３年のシーズン終了後の言葉です。「ほんとに打てるところは決まっているのに、そこから外れたものを打とうとする。だから当然、打てないんです。その気持ちをガマンできると、好調が維持できるかもしれないんですよ」

240

行く気持ちは大事です。抑える気持ちも大事です。
そこのバランスです。

２００３年のシーズン終了後の言葉です。「待ちすぎても、簡単に打てる球を見逃してしまうわけです。そのバランスは、ほんとにむずかしいです」

241

成功する、成功しない、という報道になると思いますが、
成功とはとてもあいまいなものです。
他人が思う成功を追いかける必要はありません。

2002年11月、大リーグ選抜対日本選抜の試合を前にした記者会見で、イチロー選手は翌年の松井秀喜選手のデビューについて、このように語っていました。

242

たとえ感覚を失っていなくても、
まわりからいろいろといわれるとプラスにははたらきません。

２００１年７月、無安打がつづいたあとの言葉です。「ヒットが出てほっとした。まわりからいろいろいわれる状況を排除するためにも、１本ほしかった」

243

数字が出ていたことは、救いでもありました。
数字がいいことで、みなさんの目をだますことはできましたから。

2004年1月、ファンを前に語った言葉です。「チームが日本一になった時期はスランプだったのです。もし当時2割5分や2割6分の成績で過ごしていたとしたら、当然みなさんの目は厳しくなるわけです。自分の形ができていない。おそらく立ち直れないぐらい自分を追いつめてしまっていたでしょう」

244

自分が打席を支配している割合が高いので、
悪くない状態だと思います。

2002年、自己評価についてきかれたときの言葉です。

245

これでいいやってならない理由は、
ぼくの場合は、野球が好きだからです。

2004年1月、ファンを前に語った言葉です。

246

ぼくは天才ではありません。
なぜかというと自分がどうしてヒットを打てるかを説明できるからです。

2002年シーズン終了後の言葉です。自分が天才ではない理由としては「なんでこんなヤツがこんな打ち方でヒットをたくさん打てるのだろう、と思わせるようなのが、『天才』だと思います」と述べています。

247

勝負の世界っていうのは、
結果を出さないとものを言えない世界ですから。

2003年のシーズン終了後の言葉です。

248

世の中の常識を少しでも変えるということは、
人間としての生き甲斐でもありますから。

2003年のシーズン終了後の言葉です。自分の力でものごとをやることについて、こう語ってます。

249

1年目のぼくに対する期待はそれほど大きくはなかった。
その面ではラクだった。
しかし、2年目は1年目の成績をベースとして考えられてしまう。
チームの中心として働かなければいけないという重圧がありました。

打てば打つほど重圧がかかることについて、イチロー選手は、2003年シーズンオフのインタビューで「ただ、このプレッシャーがない選手は、トップクラスの選手ではないですから」と語っている。

250

自分がやりたいようにやるだけでは、ダメだなというか、
それだと、いろんな人に、いい影響も悪い影響も与えてしまいます。

2003年のシーズン終了後の言葉です。

251

実戦でないとできないことがあります。
一瞬の判断は、練習では養われません。

２００３年２月の、調整についての言葉です。「打とうとした球には体が動いたし、そうでない球に対してはとまりました。あとはボールにどういうふうに入っていくか、その瞬間的な判断とか、風の計算とか、それからリードの幅とかの感覚をつかみたいですね」

252

キライなことをやれといわれてやれる能力は、後でかならず生きてきます。

2003年のシーズン終了後の言葉です。

253

なんでぼくが宿題をやることを大事だと思っているかというと……おとなになると、かならず上司という人が現れて、何かをやれといわれるときがくると思うのです。

2003年のシーズン終了後の言葉です。「プロ野球選手という、個人が優先される場所であっても、やれと言われることがものすごくあるわけです。だったら、一般の会社員になって、そんなことは毎日のことのはずです。だから、小さい頃に訓練をしておけば、きっと役に立つと思うんです」

254

親がやらせたくても子どもがやりたくなかったら、それは無理ですよね。
でも、子どもがやりたいなら、そのままで最高です。

2003年のシーズン終了後の言葉です。

255

自分で何かを作ったときのものを大事にしていますね。初めてのヒット、初めてのホームラン、それを打ったバットだとか。

「記憶に残るプレイ」について、2002年のシーズン終了後の言葉です。「そういうものの方が思い出があったりするんですよ。いつまでも残るものだし、きっとそのときの雰囲気とか状況とかを思い出させてくれるものだと思うんですね」と述べている。

256

バッターには、積極的に打とうと思う体と、我慢する体の、両方が要ります。

2003年のシーズン終了後の言葉です。「自分がものすごく調子がいいときというのは、ストライクゾーンが、異様に広がるんですよ。でも、実際にそれを打ちにいくと、実は打てない。打てるはずのない球を、打てると思っているから。打てるポイントを、自分で、広げちゃっているということなのです」

257

グラブはもちろん身体の一部だと考えています。
外野手だから長いグラブを使っているのですが、指先まで神経が通らないと、
感覚が麻痺してボールが捕れない。
グラブの先まで感じられるグラブでないとイヤです。

2003年のシーズン終了後の言葉です。「やわらかく、強く。広く。メチャクチャなことを言っているんですよ。やわらかくて強いなんて、理にかなってないですから。もう完全に、職人さんはぼくと戦っていますから。でも、グラブ作りの名人が、またそれを作ってくれるんですよ」

258

メジャーリーガーのすごいところは、一度「あ、すごい選手だ」と認めたら、
2500本もヒットを打っている選手でも、ききに来ます。
それが偉大な点ですね。

2003年のシーズン終了後の言葉です。「自分のプライドを固持しないで、まだ学ぼうとするのです。それには恐れいりました」

259

三〇代になって何を思うかっていうと、客観的に見たときの姿が二〇代とはぜんぜん違います。三〇代になると、ゴルフをしているぼくも決しておかしくないと思うのです。

2004年1月、ファンを前に語った言葉です。「二〇代で、社長さんが乗っている車だとか、ベンツの大きいのだとか、フェラーリとか、ポルシェだとかに乗っていても、なんか、滑稽に見えてしまいますよ。おまえもかみたいなところが、どうしてもあります」

260

プレイをしながら記録について考えて、その意味を理解することはむずかしいです。現役を退いてから、その記録の意味をゆっくりふりかえることができると思います。

イチロー選手は、さまざまな記録を達成するたびに、こう述べています。

261

考えて「実行して見せてやること」の効果は大きいです。

2004年1月、ファンを前に語った言葉です。プレイは言葉ではなく語りたいという考え。

262

「成績は出ているから今の自分でいい」
という評価を自分でしてしまっていたら、
今の自分はありません。

2004年1月、ファンを前に語った言葉です。

あとがき

本書「夢をつかむ　イチロー262のメッセージ」は、2001年から2004年の4年間における、メジャーリーガー・イチロー選手の各メディアでの発言を集め、構成・編集したメッセージ集です。

今回、イチロー選手の262本ものメッセージを集めるにあたって、そのきっかけとなった番組がありました。

それが、BSデジタル放送特別番組「イチロー×北野武　キャッチボール」（2003年3月放送　北野武氏との対談番組）、同「キャッチボール　ICHIRO meets you」（2004年3月放送　212人のファンを招いての公開番組　糸井重里氏がインタビュアーを務めた）です。

後に書籍（ぴあ刊）にもなったこの特別番組の中で、イチロー選手は、ふだんマスメディアの前では、決して語ることのなかった貴重なメッセージをのこしてくれました。

その光景に立ち会ったわたしたちは、更に他のメディアで発言した言葉の中からも、イチロー選手からのメッセージが見つかるのではないかと考え、これぞと思った言葉を厳選してみました。そして一冊のメッセージ集として世に送り出したいと考えたのが本書です。

こうしてまとまったイチロー選手のメッセージをひとつひとつ読むと、そこにはシンプルでありながら、奥深い意味が込められており、心動かされるものがありました。

そこには「夢」をつかむためのヒントが込められているのです。


これまでいくつもの「夢をつかみ」、これからも「夢をつかみ続ける」イチロー選手。そんなイチロー選手の262のメッセージが綴られた本書から、みなさんがそれぞれの心に響くページと出逢えることを願っています。

そして、そのメッセージがみなさんの人生において、「夢をつかむ」ためのちょっとしたヒントになればと願っています。

なぜなら、「夢をつかむこと」は、イチロー選手だけのものではなく、みなさんのものでもあるのですから。

2005年　球春

「夢をつかむ　イチロー262のメッセージ」編集委員会

ぴあスポーツ書籍

さらば日本野球 アメリカを目指した男たち

市田実

アリゾナのキャンプ地に19人の野球選手が集まった。ドラフト1位入団の左腕、甲子園で活躍したエース……。彼らはなぜ日本を飛び出しメジャーリーグを目指すのか。熱い思いを秘めた男たちの最後の挑戦を追った！

1400円十税

ナンバー2の男

高津臣吾

ヤクルトスワローズで260セーブをあげた守護神がシカゴ・ホワイトソックスに移籍した。「最初で最後のFA宣言」で高津臣吾は何をつかんだのか。野村克也、古田敦也らの証言とともに、35歳の決断に迫る。

1400円十税

イチロー たけし キャッチボール

ビートたけし
松井秀喜

ビートたけしと松井秀喜。歩んだ道は違えども、自他ともに認める野球小僧同士の対談が始まった。少年野球の思い出、メジャーのすごさ、長嶋茂雄論など、真剣かつ抱腹絶倒の野球談義が繰り広げられる。

1300円十税

ぴあスポーツ書籍

Ichiro meets you キャッチボール2

イチロー
糸井重里

聞き上手・糸井重里がイチローに迫る。イチローさんにとってお金ってなに？　奥さんはどんな人？　愛犬との関係は？　そこで見せた孤高の天才の素顔……。私たちはまだ本当のイチローを知らなかった。

1300円＋税

野球小僧

ビートたけし
松井秀喜

ビートたけしと松井秀喜。歩んだ道は違えども、自他ともに認める野球小僧同士の対談が始まった。少年野球の思い出、メジャーのすごさ、長嶋茂雄論など、真剣かつ抱腹絶倒の野球談義が繰り広げられる。

1300円＋税

サッカーのある言葉
～ジュビロ磐田オフィシャルブック～

松森亮

ジュビロの元選手であり、現在は広報としてチームを支える松森亮が選手の発する言葉に隠された本音を綴った『サッカーのある…』シリーズ第3弾。山本昌邦監督や、人気選手たちが多数登場する対談ページも。

1500円＋税

夢をつかむ
イチロー262のメッセージ

2005年3月19日　第1刷発行
2025年2月20日　第18刷発行

著　　者　「夢をつかむイチロー262のメッセージ」編集委員会

企画協力　岡田良樹（株式会社　バウ企画）
協　　力　株式会社　電通

発 行 人　木本敬巳
編　　集　大澤直樹
構　　成　木村俊介
発行・発売　ぴあ株式会社
〒150-0011
東京都渋谷区東1-2-20 渋谷ファーストタワー
編集／03(5774)5262　販売／03(5774)5248
印刷・製本　中央精版印刷株式会社

ISBN978-4-8356-1512-7